www.ingramcontent.com/pod-product-compliance
Lightning Source LLC
Chambersburg PA
CBHW072254170526
45158CB00003BA/1075
* 9 7 8 1 0 0 6 8 4 3 8 6 0 *

تطوير إدارة مؤسسات وشركات المقاولات

المراجعة 1 لعام 2021

المهندس مازن شيخ اوغلي

اصدارات دار اي-كتب

لندن 2021

Development of Enterprise management and
contracting companies
BY: Mazen Sheikh Oghli
All Rights Reserved to the author ©
Published by e-Kutub Ltd
Distribution: TheBookExhibition.com & Associates
All yields of sales are reserved to the author
ISBN: 9781780585840
Second Edition
2021،London
** * **

الطبعة الثانية،

لندن، 2021

تطوير إدارة مؤسسات وشركات المقاولات

المؤلف: المهندس مازن شيخ اوغلي

الناشر: e-Kutub Ltd، شركة بريطانية مسجلة في انجلترا برقم:

7513024

© جميع الحقوق محفوظة للمؤلف

التوزيع: TheBookExhibition.com

كل عائدات البيع محفوظة للمؤلف

لا تجوز اعادة طباعة اي جزء من هذا الكتاب الكترونيا أو على ورق. كما لا يجوز الاقتباس من دون الاشارة الى المصدر.

اي محاولة للنسخ أو اعادة النشر تعرض صاحبها الى المسؤولية القانونية.

اذا عثرت على نسخة عبر اي وسيلة اخرى غير موقع الناشر (اي- كتب) أو غوغل بوكس أو امازون، نرجو اشعارنا بوجود نسخة غير مشروعة، وذلك بالكتابة الينا:

ekutub.info@gmail.com

يمكنك الكتابة الى المؤلف على العنوان التالي:

mazensheikhoghly@gmail.com

الفهرس

3

هذا الكتاب هو تعديل على النسخة التالية

م. مازن شيخ أوغلي
تطوير إدارة مؤسسات
أو شركات المقاولات
الإنشائية الكبرى
E-KUTUB

"الهندسة ليست مهنة فقط انما طريقة تفكير"

المقدمة

يهدف هذا الكتاب الى تطوير عملية إدارة مؤسسات أو شركات المقاولات وبخاصة المتوسطة والكبيرة وتحسين الخدمات المساندة فيها من خلال ما يلي:

أ- اضافة بعض الادارات الجديدة وذلك من اجل اعطاء المزيد من الاهتمام لبعض الجوانب التي لا تلقى برايي الاهتمام الكافي من قبل مؤسسات أو شركات المقاولات الانشائية، على سبيل المثال اليد العاملة التي تعتبر العمود الفقري لاي شركة مقاولات حيث لا يوجد لها في غالب الاحوال جهة تهتم بشؤونها، ومن اجل ذلك فقد اقترحنا تأسيس قسم لليد العاملة من اجل متابعة ودراسة وتحسين ظروف عمل العمال وقياس انتاجيتهم كما سنرى لاحقا.

ب- وهناك العديد من الادارات والاقسام ذات مجالات العمل الجديدة والتي ارى ضرورة توفرها في اي شركة مقاولات من اجل تحسين اداؤها وتحسين بيئة العمل فيها...

ب- ان يكون تقييم الوضع العام في مؤسسات أو شركات المقاولات مبنيا على بيانات ورسوم بيانية واحصائيات.

ج- تكليف مهندسين لإدارة بعض الادارات التي تعتبر بعيدة عن تخصصهم (الموارد البشرية على سبيل المثال) وذلك من اجل تطوير اداؤها وتعزيز تواصلها مع باقي الادارات الهندسية في الشركة (إدارة المشاريع – التصميم – التخطيط ...الخ) الامر الذي يزيد من فاعليتها ويحسن من اداؤها.

د- ايجاد جهة تقوم بالمراجعة والتدقيق الداخلي في الشركة وهو امر ضروري وحيوي، ولكنه مفقود وغير موجود في كل مؤسسات أو شركات المقاولات على ما اعتقد.

7

هـ- تحسين جو العمل وتطوير الخدمات المساندة.

و- مراجعة وتطوير الجودة.

الهيكل التنظيمي

2-1-المقدمة:

هناك عدة تعاريف لمصطلح الهيكل التنظيمي ولكنني ارى ان التعريف التالي هو الانسب:

"يمثل الهيكل التنظيمي لمؤسسة أو شركة ما التقسيم المعتمد للموظفين في المؤسسة أو الشركة ضمن مجموعات (ادارات أو اقسام) تكون ذات وظائف واهداف محددة ويجب ان يوضح الهيكل التنظيمي علاقة كل إدارة أو قسم بالإدارة العليا في المؤسسة أو الشركة."

وبرايي انه يمكن لاي مؤسسة أو شركة ان تبني الهيكل التنظيمي الذي تراه مناسبا ولكن من المهم ان تتوفر في هذا الهيكل التنظيمي الامور التالية:

1-ان تكون مهام وصلاحيات من يشغلون المناصب القيادية في المؤسسة / الشركة واضحة ومحددة.

2-ان تكون مهام ومسؤوليات ومرجعية الادارات والاقسام في المؤسسة / الشركة واضحة ومحددة.

3-ان تكون الاجراءات التنفيذية داخل المؤسسة / الشركة واضحة ومحددة.

4-ان يكون هناك وضوح في تحديد متخذ القرار النهائي في اي موضوع ويفضل ان يكون هناك أكثر من طرف يشارك في اتخاذ هذا القرار.

اذا تم ضمان ذلك في اي هيكل تنظيمي فان المؤسسة / الشركة ستنجح بالتأكيد، وللأسف يتم الاهتمام فقط برسم الهيكل التنظيمي داخل المؤسسة / الشركة ويتم التغافل عن النقاط المذكورة اعلاه.

2-2-التقسيم الاداري في مؤسسة أو شركة:

يعتبر التقسيم المبين ادناه هو الأفضل لمؤسسات أو شركات المقاولات الانشائية:

1- **القسم**: وهي أصغر وحدة في الهيكل الاداري للمؤسسة أو الشركة وتتألف من مجموعة من الموظفين يرأسهم رئيس قسم، ويتبع هذا القسم لإدارة يرأسها مدير إدارة.

2- **الإدارة**: وقد تتألف من مجموعة من الموظفين يعملون في مجال محدد (مثال إدارة اليد العاملة كما سنرى على سبيل المثال) أو من مجموعة من الاقسام لا تقل عن 2 لكل منها رئيس يسمى رئيس قسم ويرأس الإدارة مدير إدارة تكون مهمته إدارة الموظفين الذي يعملون تحت ادارته أو التنسيق بين الاقسام التي تعمل ضمن هذه الإدارة.

3- **الفرع**: إذا كان للمؤسسة أو الشركة نشاط في محافظات اخرى فان اعمالها تدار من قبل فرع المؤسسة أو الشركة في المحافظة المعنية وغالبا ما يكون هيكلها الاداري مشابها الى حد كبير بهيكل الشركة الرئيسي، ويرأس الفرع مدير فرع.

4- **الإدارة العامة أو المركز الرئيسي للشركة**: وهو المركز الذي تتواجد فيها الإدارة العليا للشركة والادارات الخدمية كالشؤون الادارية والمالية والموارد البشرية والتوريدات (اما المشتريات فمكان عملها مواقع العمل)...الخ، ويتبع للإدارة العامة أو المركز الرئيسي كافة الفروع (ان وجدت) والمشاريع التي تقوم بها المؤسسة أو الشركة.

يبين المخطط المبين ادناه التقسيمات المذكورة اعلاه

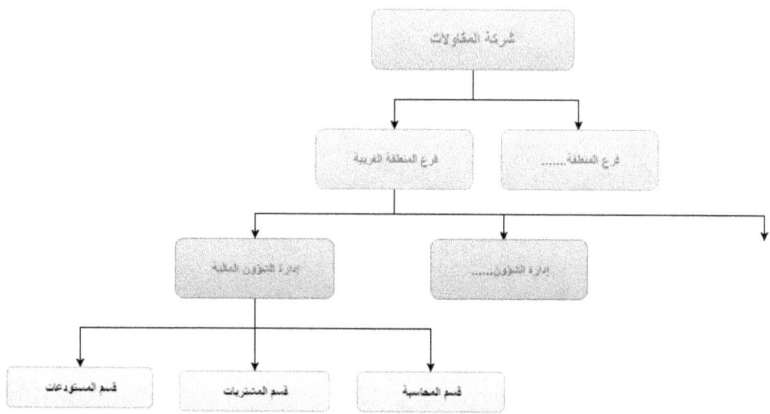

مخطط رقم (1) - المخطط التنظيمي النموذجي لمؤسسة ما أو شركة

تصنيف الموارد البشرية في المؤسسات والشركات

3-1-المقدمة:

بشكل عام يتم التعامل مع الموارد البشرية في المؤسسة أو الشركة كوحدة واحدة، الامر الذي يجعل هذه الكتلة البشرية غير واضحة المعالم، ومن اجل ذلك فانه من الضروري تصنيف هذه الكتلة البشرية ضمن فئات بناء على مجال عملها بحيث تصبح الصورة اوضح وبالتالي يصبح معالجة مشاكلها امرا سهلا وبنفس الوقت تكون محسوب بشكل افضل، وفيما يلي بعض المقترحات التطويرية والتي نعتقد انها سوف تساهم كثيرا في تحسين اداء المؤسسات أو المؤسسات أو شركات.

3-2-تصنيف الموارد البشرية:

كما سبق وذكرت في المقدمة، تعتبر الموارد البشرية في اي مؤسسة أو شركة الاساس في نجاح أو فشل اي مؤسسة أو شركة، ولا يوجد في معظم مؤسسات أو شركات المقاولات الانشائية طريقة واضحة وعلمية للتعامل مع هذا العدد الكبير من الموظفين والعمال بحيث يسهل على متخذ القرار التعرف على مواقع التشوه والخلل في تركيبها البنيوي والمالي والتعامل مع هذا الخلل بطريقة علمية وموضوعية، ومن اجل هذا فإنني اقترح ان تقوم مؤسسات أو شركات المقاولات بتصنيف الموارد البشرية في المؤسسة أو الشركة بناء على مجال أو طبيعة عملها وذلك كما هو موضح في الجدولين 1-ا و1-ب، ان جدول تصنيف الموارد البشرية في المؤسسة أو الشركة بناء على مجال عملها سوف يعتمد على تقسيم الموظفين الى مجموعتين رئيسيتين:

3-1-I- مجموعة موظفي الإدارة والدعم الفني في المؤسسة / الشركة:

وتشمل هذه المجموعة كل العاملين في الإدارة العامة أو المركز الرئيسي من مدراء عامين ومدراء الادارات المختلفة في الشركة وما يتبعهم من مهندسين وفنيين وموظفين وعمال الخدمات (مثل عمال الضيافة والنظافة) وايضا تشمل العاملين في ادارات الفروع ان وجدت وما يميز هذه المجموعة انها لا تساهم مباشرة في تنفيذ المشاريع الهندسية ومن اجل ذلك سوف نعطي هذه المجموعة الرمز OV-*i* حيث يعني الرمز OV (Overhead) التكاليف الاضافية والتشغيلية في الشركة وللمزيد من التفصيل سوف نقسم كل مجموعة الى عدد من الفئات وذلك كما يلي:

1- فئة موظفي الإدارة العليا وتشمل المدير التنفيذي أو المدير العام – نائب المدير العام – مدير المشاريع - مدراء الادارات (على سبيل المثال: مالية، ادارية، مشاريع، الامن والسلامة...الخ) – مدراء الاقسام وسوف يرمز لهذه الفئة بـ OV-1.

2- فئة المهندسين من كافة الاختصاصات ويستثنى منهم من كان مديرا لإدارة أو رئيسا لقسم...الخ وفي هذه الحال يكونون مشمولين في البند الاول المذكور اعلاه وسوف يرمز لهذه الفئة بـ OV-2.

3- فئة الموظفين المؤهلين والمتخصصين فنيا مثل رسامي الاوتوكاد – فني الحاسب والشبكات...الخ وسوف يرمز لهذه الفئة بـ OV-3.

4- فئة الموظفين العاملين في الادارات والاقسام المذكورة اعلاه من غير الفنيين المذكورين في البند 3 اعلاه (على سبيل المثال الموظفون العاملون في الشؤون الادارية والمالية والتوريدات (Procurement) والشؤون القانونية والعلاقات العامة وتطوير الاعمال...الخ) وسوف يرمز لهذه الفئة بـ OV-4.

5- فئة الموظفين الميدانيين (على سبيل المثال الموظفين العاملين في المستودعات والصيانة والاليات والمشتريات التابعين للمشاريع .....الخ وسوف يرمز لهذه الفئة بـ OV-5.

6- فئة الموظفين الغير مؤهلين أو من ذوي التاهيل الضعيف ويشمل ذلك موظفي الاستقبال وموظفي الهاتف والمراسلين والحراس والمراقبين الفنيين الذين يعملون في المواقع...الخ وسوف يرمز لهذه الفئة بـ OV-6.

7- فئة عمال الخدمات ويشمل عمال الضيافة والنظافة والحراسة والسائقين...الخ وسوف يرمز لهذه الفئة بـ OV-7.

بعد تحديد الاعداد للفئات المذكورة اعلاه يتم تفريغ المعلومات في الجدول رقم (1 – ا).

3-1-ب- مجموعة موظفي أو عمال التنفيذ في مواقع العمل:
وتشمل هذه المجموعة كل العاملين في تنفيذ المشاريع
وسوف نقسم هذه المجموعة الى الشرائح التالية:

1- مدير البرنامج أو مدير المشروع، وسوف يرمز
لهذه الفئة بالرمز PR-1.

2- فئة مهندسي المشروع بكافة اختصاصاتهم،
وسوف يرمز لهم بالرمز PR-2.

3- فئة عمال المشروع بكافة مراتبهم (مشرف
عمال – مراقب عمال) أو اختصاصاتهم عمال
نجار، خرسانة، حداد، لياسة، دهان....الخ،
وسوف يرمز لهم بالرمز PR-3.

وبعد تحديد الاعداد للفئات المذكورة اعلاه يتم تفريغ
المعلومات في الجدول رقم (1 – ا).

اما باقي الموظفين العاملين في المشروع سواء الفنيين منهم
كرسامي الاوتوكاد على سبيل المثال أو الموظفين كالمحاسبين
والاداريين وكذلك مراقبي السلامة والحراس...الخ فهم غير
مشمولين بهذه المجموعة انما سوف يتبعون الى مجموعة
موظفي الإدارة والدعم الفني المذكور في البند السابق،
وينطبق هذا الكلام على فروع الشركة ايضا.

ان الفوائد التي سوف تتحقق من هذا التصنيف كبيرة جدا
ويمكن تلخيص هذه الفوائد بمايلي:

16

1- تحديد الفئات التي فيها تضخم أو نقص في الاعداد بسهولة ووضوح.

2- تسهيل عملية خفض التعداد العام للموظفين في الشركة من خلال التعامل مع الفئات التي فيها زيادة في الموارد البشرية كما يتيح هذا الجدول خفضا متوازنا بين الفئات المختلفة إذا تم تطبيق نسبة تخفيض واحدة على جميع الفئات.

3- ان هذا التصنيف سوف يساعد على وضع سلم رواتب موزع بشكل علمي وموضوعي.

4- يساعد هذا التصنيف على تحديد ضوابط وشروط خاصة تكون مناسبة لتقييم اداء كل فئة وبالتالي تتحقق معايير عادلة في الترقية.

5- كما يمكن استخدامه في تحديد الشروط والمؤهلات العامة المطلوبة لكل فئة.

مجموعة موظفي الإدارة والدعم الفني في المؤسسة / الشركة				
رمز الفئة	إسم الفئة	الوظائف المشمولة بهذه الفئة	إجمالي عدد الموظفين في الفئة OV4	عدد الموظفين في الفئة المعنية / إجمالي عدد موظفي المجموعة %
OV-1	موظفوا الإدارة العليا	المدير التنفيذي أو المدير العام – نائب المدير العام – مدراء المشاريع - مدراء الإدارات– مدراء الأقسام.		
OV-2	المهندسون	كافة المهندسين العاملين في إدارة المؤسسة / الشركة.		
OV-3	الموظفين المؤهلين والمتخصصين فنياً	رسامي الأوتوكاد – فنيوا الحاسب والشبكات – مراقبوا السلامة – موظفوا السكرتارية...الخ.		
OV-4	الموظفين العاملين في الإدارات والأقسام	وتشمل هذه الفئة كل الموظفين الذين يمارسون عملهم من مبنى الإدارة العام للمؤسسة أو الشركة ويشمل ذلك على سبيل المثال موظفوا الشؤون الإدارية، المالية، الموارد البشرية، التوريدات (Procurement)...إلخ.		
OV-5	الموظفين الميدانيين	وتشمل هذه الفئة الموظفين العاملين في الإدارات أو الأقسام التي تعمل من خارج مبنى الإدارة العامة للمؤسسة أو الشركة ويشمل ذلك على سبيل المثال موظفوا قسم المستودعات المركزية – الصيانة المركزية – الآليات – المشتريات (Purchasing) - ......الخ.		
OV-6	فئة الموظفين الغير مؤهلين أو من ذوي التأهيل الضعيف	موظفوا الإستقبال و الهاتف – المعقبين ...الخ.		
OV-7	عمال و موظفي الخدمات المختلفة	عمال الضيافة - النظافة - الحراسة – السائقين...إلخ		
إجمالي عدد الموظفين العاملين في مجموعة موظفي الإدارة والدعم الفني في المؤسسة / الشركة				
النسبة المئوية للمجموعة منسوباً إلى إجمالي عدد الموظفين في المؤسسة أو الشركة.				%

جدول رقم (1-ا): جدول تصنيف مجموعة موظفي الإدارة والدعم الفني في المؤسسة / الشركة

مجموعة موظفي وعمال التنفيذ في مواقع العمل				
رمز الفئة	إسم الفئة	الوظائف المشمولة بهذه الفئة	إجمالي عدد الموظفين في الفئة PR-i	عدد الموظفين في الفئة المعنية / إجمالي عدد موظفي المجموعة
PR-1	المدراء	مدير برنامج، مدير مشروع، مدير إنشائي، مدير معماري...الخ.		
PR-2	المهندسين	وتشمل هذه الفئة كافة المهندسين العاملين في تنفيذ المشاريع بكافة اختصاصاتهم.		
PR-3	عمال المشروع بكافة اختصاصاتهم	ويفضل تقسيمهم بحسب مجال عملهم وذلك كما يلي: PR-3-1 عمال إنشائيين. PR-3-2 عمال تشطيب. PR-3-3 عمال سباكة. . . . وهكذا		
إجمالي عدد الموظفين العاملين في مجموعة موظفي وعمال التنفيذ في مواقع العمل				
النسبة المئوية للمجموعة منسوبا إلى إجمالي عدد الموظفين في المؤسسة أو الشركة.				

جدول رقم (1-ب): جدول تصنيف مجموعة الموظفين العاملين في تنفيذ مشاريع المؤسسة / الشركة

- ملاحظة: نظرا لان عدد الموظفين يكون متغيرا طوال الشهر لذلك سوف نعتمد العدد الموجود في اخر كل شهر عند اعداد هذين الجدولين.

2-3- سلم الرتب والرواتب والاجور والامتيازات

ان جدولي تصنيف الموظفين المذكورين اعلاه يمكن استخدامهما ايضا من اجل بناء نظام للرواتب والاجور مبني على اساس علمي وواقعي، كما يفيد هذين الجدولين في توفير مراتب ضمن كل فئة بحيث تتيح توفير عدة مستويات للترقية يمكن ان يرتقى اليها الموظف بعد مضى فترة محددة من الزمن كما انها تسمح له بعدها بالانتقال الى الفئات الاعلى ان كانت مؤهلاته، أو طبيعة العمل تسمح بذلك.

كما يمكن توسيع هذين الجدولين ليشمل ايضا الامتيازات التي يمكن ان تحصل عليها كل فئة ضمن المجموعة التي ينتمي اليها فعلى سبيل المثال يمكن

تحديد ما إذا كانت فئة ما تستحق وسيلة نقل ام لا كما يمكن تحديد نوع وسيلة النقل ومستواها كما يمكن تحديد ما إذا كان فئة ما تستحق توفير سكن أو بدل نقدي وكذلك يمكن تحديد امتيازات السفر من حيث الدرجة ...الخ، كل ما سبق يمكن ان يكون في جدول واحد، ولتوضيح الفكرة نقدم الجدول التالي كمثال للتوضيح فقط بحيث يمكن الاستفادة منه كما هو أو تعديله بما يناسب وضع المؤسسة أو الشركة.

رمز الفئة	الشريحة	الفئة	الوظائف المشمولة بهذه الفئة	الوظيفة المهنية	المرتبة الثانية	المرتبة الأولى
OV-1	موظفو إدارة المؤسسة / الشركة	الإدارة العليا	المدير التنفيذي أو المدير العام – نائب المدير العام – مدراء الإدارات – مدراء الأقسام...إلخ	1-مدير تنفيذي أو عام	A2	A1
				نائب المدير العام	B2	B1
				مدير إدارة أو مدير قسم	C2	C1
				...		
OV-2		المهندسين	كافة المهندسين العاملين في إدارة المؤسسة / الشركة	مدراء الإدارات	ED-2	ED-1
				مدراء الإقسام	SC-2	SC-1
				مهندسين		
OV-3		الموظفين المؤهلين والمتخصصين فنياً	رسامي الأوتوكاد – فني الحاسب والشبكات – مراقبي السلامة...الخ	رسام أتوكاد		
				فني حاسب		
				مراقب سلامة		
				...		
				...		
OV-4		موظفي الشؤون الإدارية والمالية...إلخ		...		
				...		
				...		
OV-5		الموظفين العاملين في باقي الإدارات أو الأقسام	قسم المستودعات المركزية – الصيانة المركزية – الأليات -المشتريات ....الخ	...		
				...		
				...		
OV-6		الموظفين الغير متخصصين	موظفي الإستقبال – موظف الهاتف – المعقبين...الخ	...		
				...		
				...		
OV-7		عمال الخدمات	عمال الضيافة - النظافة - الحراسة – السائقين...إلخ	...		
				...		
PR-1	موظفوا المشاريع	فئة المدراء	مدير برنامج			
			مدير مشروع			
			...			
			...			
			...			
PR-2		مهندسي الموقع بكافة إختصاصاتهم		مهندس موقع أول		
				مهندس موقع		
				...		
				...		
PR-3		عمال المشروع كافة إختصاصاتهم ويفضل تقسيمهم بحسب مجال عملهم وذلك كما يلي: PR-3-1 عمال إنشائيين. PR-3-2 عمال تشطيبات مختلفة. PR-3-3 عمال سباكة. . . . وهكذا		مراقب عمال		
				عامل حداد		
				عامل نجار		
				عامل لياسة		
				...		
إجمالي عدد الموظفين						

جدول رقم (2): جدول الفئات وسلم الرواتب والاجور في المؤسسة أو الشركة

3-3- محاذير سياسة التوظيف خلال مرحلة النمو والتوسع

عندما تكون الشركة صغيرة الحجم يكون عدد الموظفين فيها اقل من العدد المطلوب حيث يقوم الموظف باكثر من مهمة في نفس الوقت ولكن هذا الامر ما يلبث ان ينعكس تماما عندما تكبر وتتوسع المؤسسة أو الشركة حيث تبدا عملية توظيف كبيرة ومتسارعة وفي نفس الوقت غير مدروسة، ان عملية

التوظيف هذه تتضمن العديد المخاطر الغير منظورة والتي قد تتطور في المستقبل الى مخاطر كبيرة على المؤسسة أو الشركة وذلك للاسباب التالية:

1- ان النمو السريع والحاجة الى ملئ الوظائف بسرعة وباعداد كبيرة لا يسمح للمؤسسة أو الشركة بتحديد العدد الامثل من الاشخاص المطلوبين لانجاز الاعمال المطلوبة.

2- ان الضغط الذي يفرضه ضرورة سرعة ملئ الوظائف الشاغرة لا تسمح في كثير من الاحيان باختيار الأفضل الامر الذي يؤدي الى توظيف موظفين غير اكفاء أو غير مناسبين في بعض الاحيان وهؤلاء ان بقوا فسيكونون عبئا على المؤسسة أو الشركة.

من اجل هذا من الضروري ان تكون هناك عملية مراجعة وغربلة وهذه العملية يجب ان تتم من قبل مدير الموارد البشرية الذي يشغله مهندس كما سنشرح لاحقا، وسوف يساعد جدول تصنيف الموارد البشرية (جدول رقم 1-ا وب) في تنفيذ عملية المراجعة هذه والتي يجب ان تتم على فترات زمنية محددة (كل سنة أو سنتين على الاكثر) وبشكل مستمر بحيث يتم معالجة الاختلالات البنيوية والمالية التي تصيب بنية الموارد البشرية اولا باول.

التطوير الاداري في مؤسسات أو شركات المقاولات

4-1-المقدمة:

هناك ضرورة لاحداث تطوير في ادارات المؤسسات والشركات وذلك من اجل تحسين اداؤها، ويمكننا القول ان عملية التطوير سوف تعتمد على:

ا- تعيين مهندسين لإدارة بعض الادارات التي ليس لها علاقة بالعمل الهندسي

كما سبق وذكرت "**ان الهندسة ليست مهنة انما طريقة تفكير**" وبناء عليه فان اهم تطوير ممكن ان اقدمه في مجال تطوير إدارة مؤسسات أو شركات المقاولات الانشائية يكمن في تولي المهندس المناسب إدارة بعض الادارات التي تعتبر بعيدة عن المجال الهندسي مثل إدارة الموارد البشرية على سبيل المثال، ان تعيين مهندسين على راس ادارات غير هندسية يمكن ان يحقق الفوائد التالية:

1- تحسين تواصل هذه الإدارة مع الادارات الهندسية الاخرى في المؤسسة أو الشركة وبالتالي معرفة حاجاتها وتوجهاتها وهذا سوف يساعد على توجيه امكانيات هذه الإدارة لتوفير متطلبات الادارات الهندسية الاخرى.

2- ان وجود مهندس سوف يساعد كثيرا في اصدار البيانات والاحصائيات ذات العلاقة بالإدارة المعنية وبالتالي سوف يسهل على اصحاب القرار التعرف على انجازات هذه الادارات وايضا التعرف على مواطن النقص والخلل وبالتالي اتخاذ القرارات والاجراءات المناسبة.

ب- استحداث ادارات أو اقسام جديدة مثل قسم إدارة اليد العاملة، السكرتارية....الخ على سبيل المثال وذلك من اجل إدارة بعض الجوانب التى لا تلقى الاهتمام المطلوب، ويمكن ان نطبق نفس هذا الفهم على باقي الادارات الجديدة.

وفيما يلي نستعرض الادارات المطورة أو الادارات المستحدثة والتي تشمل:

4-2- إدارة الموارد البشرية واليد العاملة

تشغل مؤسسات أو شركات المقاولات عدد كبيرا من الموظفين والعمال هذا من ناحية ومن ناحية اخرى فان هذا العدد متغير دائما سواء بالزيادة أو النقصان لأنه يعتمد على حجم الاعمال التي تنفذها الشركة ونوعية المشاريع التي تقوم الشركة بتنفيذها وبالتالي فان الموظفين من كافة الفئات في حالة تغير مستمر وبشكل عام فان إدارة الموارد البشرية في شكلها الحالي غير قادرة على التعامل مع هذا الواقع وهذا ما لمسته تماما على ارض الواقع، هذا من ناحية ومن ناحية اخرى فان موظفي الموارد البشرية في حالة ضغط عمل مستمر نتيجة الطلبات التي تصل اليهم متأخرة من الإدارة لتوفير الطواقم الفنية والعمال للمشاريع الجديدة ومن اجل هذا فقد إرتاينا تطوير وتوسيع عمل هذه الإدارة .

وسوف يتشكل الهيكل الاداري لهذه الإدارة من:

- مدير إدارة الموارد البشرية / المؤهل (مهندس).
- مساعد مدير إدارة الموارد البشرية / المؤهل (مهندس).
- رئيس قسم شؤون كبار الموظفين
(Head of Senior Staff Affairs Section) المؤهل (موارد بشرية)

- رئيس قسم شؤون الموظفين
(Head of Personnel Affairs Section) المؤهل (موارد بشرية).

وفيما يلي تفصيل المهام والواجبات المرتبطة بكل وظيفة من الوظائف المذكورة اعلاه:

4-2-1- مدير إدارة الموارد البشرية (مهندس).

وكما سبق وذكرنا سوف يتم تعيين مهندس لإدارة هذه الإدارة حيث سيعمل تحت ادارته عدد من المهندسين اضافة الى المتخصصين في الموارد البشرية، ويفضل تعيين المهندسين من ذوى الخبرة الطويلة في مجال إدارة المشاريع أو مدراء الادارات من المتقاعدين لما يتحلون به من خبرات ادارية كبيرة وصبر وحيادية، ان الهدف من تعيين مهندس على راس هذه الإدارة يمكن تلخيصه بالنقاط التالية:

- تحسين التواصل مع الإدارة العليا وباقي الادارات ذات العلاقة بالمؤسسة أو الشركة وبالأخص إدارة المشاريع، إدارة أو قسم المنافسات، إدارة تطوير الاعمال.

- وضع الخطط الاستراتيجية المستقبلية المسبقة لتوفير الوظائف المطلوبة للمشروعات المتوقع رسوها على المؤسسة أو الشركة بحيث يتم البدء بتطبيقها فور رسو المشروع وتوقيع العقد.

- توجيه موظفي الموارد البشرية فيما يخص حاجة الشركة من الموارد البشرية من الاختصاصات والاعداد.

- تقويم السير الذاتية للمرشحين من فئة الاداريين والمهندسين الذين تم اختيارهم من قبل موظفي الموارد البشرية واختيار المرشحين الذي يرى مدير الإدارة بحكم

25

مهنته كمهندس ان خبراتهم ومؤهلاتهم تناسب احتياجات الشركة ومن ثم توجيههم للموظفين المناسبين في الشركة لاجراء المقابلات الشخصية مع هؤلاء المرشحين واتخاذ القرار النهائي بخصوص توظيفهم.

- التفاوض مع المرشحين المقبولين حول الرواتب والبدلات واصدار اوامر التعيين لمن يقبل منهم بالعرض المقدم له، والاحتفاظ ببيانات ومعلومات المؤهلين منهم والذين لم تتاح لهم الظروف لتوظيفهم هذه المرة ولكن هذا لا يمنع من التواصل معهم مستقبلا بدل البحث عن سير ذاتية جديدة.

- التقييم المستمر لموظفي الإدارة والدعم الفني من حيث المؤهلات والكفاءة والاعداد المتوفرة بحيث يتم الاحتفاظ بالأفضل والاكفأ دائما.

- اعداد الخطط الاستراتيجية للتوظيف في المؤسسة أو الشركة بشكل عام.

- اعداد خطط تقليص عدد موظفي الشركة في حال طلبت منه الإدارة ذلك.

- السفر عند الحاجة من اجل اجراء المقابلات مع المرشحين للوظائف المختلفة أو من اجل التعاقد مع مؤسسات أو شركات الموارد البشرية بدل تعطيل مهندسين عن مهماتهم للسفر من اجل اجراء المقابلات مع الفنيين والعمال.

- ابلاغ كبار الموظفين شخصيا بصرفهم أو انهاء خدماتهم ومقابلتهم نيابة عن المدير العام مما يعطي انطباعا جيدا للموظف المصروف.

- تسجيل المهام والترقيات والمزايا التي حصل عليها كل موظف يقع ضمن نطاق شريحة المدراء، مدراء الاقسام، مدراء المشاريع والمهندسين.

4-2-2- مساعد مدير إدارة الموارد البشرية .

سوف يحتاج مدير ادار الموارد البشرية الى مهندس أو أكثر لمساعدته فيما يلي:

- اعداد وتحديث الجدول رقم (1-ا و1-ب): جدول تصنيف اليد العاملة في الشركة وتحديثه بحسب الوضع القائم للموارد البشرية في الشركة في نهاية كل شهر.
- اعداد وتحديث الجدول رقم (2): جدول الفئات وسلم الرواتب والاجور في المؤسسة أو الشركة.
- متابعة اداء الموظفين من مستوى مهندس فما فوق وترشيح المناسب منهم للترقية أو لشغل الوظائف القيادية في المؤسسة أو الشركة.
- اعداد البيانات والاحصائيات للبيانات المذكورة اعلاه لسهولة التوضيح.

4-2-3- رئس قسم شؤون كبار الموظفين

(Head of Senior Staff Affairs Section).

ان مجال عمل هذا القسم يتمثل في توفير واستقطاب كبار الموظفين في المؤسسة / الشركة اضافة الى التعرف على الموظفين الكفوئين والمتميزين، ولكن في هذا التنظيم الاداري الجديد سوف تضاف له المسؤوليات التالية:

- متابعة شؤون كبار الموظفين في الشركة من حيث الاجازات، الزيادات، المكافآت، النقل، الصرف أو التعيين.
- البحث عن مرشحين للوظائف العليا (من مستوى مدير قسم فما فوق) الشاغرة من بين موظفي الشركة (وهو الاجراء الافضل) أو من خارج الشركة في حال عدم وجود اشخاص مؤهلين من بين موظفي المؤسسة أو الشركة.

ونحن في هذا السياق نرى ان ملء الوظائف القيادية بالموظفين القدامي بالمؤسسة أو الشركة وان كانت مؤهلاتهم اقل مما هو مطلوب الا ان ذلك هو أفضل بكثير من تعيين قيادي من خارج الشركة حيث ان هذا الاجراء يؤثر كثيرا على معنويات الموظفين القدامي في الشركة وبخاصة الذين عملوا مع الشركة في ايامها الصعبة وقدموا التضحيات في سبيل نهوض الشركة ثم يجدون بعد ذلك ان التضحيات التي قدموها قد ذهبت سدى ودون اي اعتبار من قبل الإدارة وذلك عندما تأتي بشخص من الخارج قد لا يكون ولاءه للشركة بنفس مستوى ولاء الموظفين القدامى ليتقدم عليهم كما ان المدير الذي تم اختياره من بين قدامى الموظفين يتوفر لديه معرفة بنظام العمل في الشركة وسياساتها وتوجهاتها كما انه يعرف الى من يجب ان توكل كل مهمة من اجل ان تنجح وهذا غير متوفر ابدا في المدير المعين من خارج نطاق قدامى الموظفين في الشركة، وفضلا عن ما سبق فان توظيف مدير

جديد من خارج نطاق قدامى الموظفين سوف يؤدي الى فقدان هؤلاء الموظفين حماستهم للعمل بل وحتى ولاؤهم.

4-2-4- رئيس قسم شؤون الموظفين

(Head of Personnel Affairs Section)

ان مجال عمل رئيس قسم الموارد البشرية سوف يتمثل كما هو معروف ايضا فيما يلي:

- توفير الموارد البشرية المطلوبة للوظائف دون مستوى مدير أو رئيس قسم في المؤسسة أو الشركة وبخاصة المهندسين والفنيين وتعيينهم بعد الموافقة عليهم من قبل إدارة المؤسسة أو الشركة.
- اعداد وتحديث الجدولين رقم (1-ا / 1-ب و2) المذكورين اعلاه فيما يخص الفئة التي تقع ضمن نطاق عمله وتحت اشراف مدير إدارة الموارد البشرية واليد العاملة.
- تنفيذ توجيهات إدارة المؤسسة أو الشركة في خفض عدد الموظفين العام وذلك تحت اشراف مع مدير إدارة الموارد البشرية واليد العاملة.

3-4- إدارة التحليل المالي وإدارة المخاطر الهندسية

هناك مهندس لإدارة المخاطر على مستوى بعض المشاريع ولكن ليس هناك مهندس لإدارة المخاطر على مستوى الشركة ككل، ومن اجل هذا فإنني ارى انه من الضروري توفير قسم لإدارة المخاطر الهندسية والمالية يقوم بخدمة كافة المشاريع في المؤسسة أو الشركة وبحيث يكون تابعا للمدير العام أو المدير التنفيذي في الشركة وبحيث يكون

مسؤولا عن تحديد ومعالجة المخاطر الهندسية والمالية التي يمكن ان تواجهها المؤسسة أو الشركة ووضع الاستراتيجيات اللازمة لمواجهتها، وفي هذا السياق يمكننا ان نحدد نوعين من المخاطر التي يمكن للمؤسسة أو الشركة ان تواجهها وهذه المخاطر تشمل:

ا- مخاطر هندسية ومنها على سبيل المثال ارتفاع كلف المواد، تأخر تنفيذ المشاريع، عدم توفر اليد العاملة...الخ.

ب- مخاطر مالية ومنها دراسة اثر القروض البنكية، نقص السيولة، تأخر صرف المستخلصات...الخ.

ان انجاز ما سبق يحتاج الى توفير:

1- مهندس تقييم مخاطر يكون مسؤولا عن:

- تحديد المخاطر على مستوى الشركة واقتراح الحلول لها.

- تقييم كافة الجداول والمؤشرات التي سوف نتحدث عنها لاحقا واعطاء تقييم للوضع العام للمؤسسة أو الشركة.

2- محلل مالي يكون عمله منصبا على تقييم الوضع المالي للشركة.

وبعد انجاز كل واحد منهم لتقريره يجب ان يقوما بإعداد تقرير موحد يوضح فيه وضع الشركة ككل من الناحية العملية والمالية مع تقديم المقترحات المناسبة.

4-4- إدارة اليد العاملة

بالرغم من ان العمال يشكلون على ما اعتقد اكثر من نصف عدد الموظفين العاملين في مؤسسات أو شركات المقاولات الا ان هذه الفئة لا توجد لها إدارة واضحة في التنظيم الاداري للمؤسسات أو المؤسسات أو شركات تديرها وتهتم بشؤونها ومن اجل ذلك كان من الضروري استحداث هذا القسم لتغطية هذا الجزء المهم من الموارد البشرية للمؤسسة أو الشركة، ان رئيس هذا القسم يجب ان يكون مهندسا ويفضل ان يكون مهندس تخطيط (Planning Engineer) وسوف يكون هذا القسم مسؤولا عن كل ما يتعلق بشؤون العمال في الشركة، ان مسؤوليات مدير قسم إدارة اليد العاملة سوف تشمل المهام التالية:

- يعتبر المسؤول الاعلى عن كل العمال في المؤسسة أو الشركة في اي موقع أو تحت اي إدارة اخرى كانوا.

- سوف يكون مسؤولا عن متابعة حركة العمال في الشركة سواء المطلوبين للمشاريع الجديدة أو المطلوب التخلي عنهم نتيجة انتهاء اعمالهم في المشاريع التي كانوا يعملون بها أو نتيجة انتهاء هذه المشاريع وتسليمها،

- على مدراء المشاريع تقديم برامج احتياجاتهم من اليد العاملة الى رئيس الإدارة الذي سوف يقوم بتقويم كافة الطلبات التي ترد اليه منهم والعمل على توفيرها، وفي حال عدم توافر العدد الكافي من العمال فان عليه التفاوض مع مدراء المشاريع الاخرين أو توفير هؤلاء العمال من مصادر اخرى كالتأجير مثلا.

31

- توفير صورة شاملة وتفصيلية عن وضع العمالة في المؤسسة أو الشركة بحيث تساعده على اتخاذ القرارات المناسبة التي تحفظ مصالح العامل والمؤسسة أو الشركة، واعداد التقارير والاحصائيات البيانية والتي يجب ان تشمل على الاقل ما يلي:

- اعداد المخطط البياني الشهري لحالة اليد العاملة في الشركة من حيث توزعها على المهن والمشاريع وغيرها من المعلومات.

- اعداد المخطط البياني الشهري الذي يبين فيه العدد الفعلي الموجود من حيث النقص أو الزيادة في عدد ومهن العمال في كل شهر.

- اعداد مخطط بياني بالاحتياجات المستقبلية المتوقعة للمشاريع قيد التنفيذ (لمدة شهر أو اكثر) من اليد العاملة مع بيان مجالات العمل المطلوبة (نجار – حداد – دهان ...الخ) وذلك بالاستناد الى برامج تنفيذ المشاريع ومن ثم اعداد المخطط البياني للاحتياجات المتوقعة لكافة مشاريع الشركة من اليد العاملة بشكل اجمالي وحسب مجال العمل مقرونا بمخطط بياني للمتوفر فعليا مع تحديد العجز أو الزيادة في اعداد العمال من اجل تقديمها واتخاذ الاجراءات المناسبة لمعالجة الفائض أو النقص في اليد العاملة.

- اعداد جدول بياني بمتوسط تكلفة اليد العاملة لمشاريع الشركة بشكل عام ومن اجل كل مجال عمل (حدادين – نجارين – مليس - بناء بلوك...الخ) ولكل المشاريع مجتمعة ودراستها من اجل استخلاص البيانات منها.
- التعاقد مع موردى العمالة أو مؤجريها.
- اجراء دراسات مستمرة لقياس انتاجية اليد العاملة في الاعمال المختلفة التي يقومون بها في مشاريع الشركة سواء عن طريق الدراسات الميدانية أو من خلال ملاحظات مدراء المشاريع.
- تحديد العمال ذوى الانتاجية المنخفضة أو الغير منتجين واتخاذ الاجراء المناسب بحقهم.
- مراقبة مدى الالتزام العام بالدوام ومتابعة غير المنضبطين.
- ايجاد معيار واقعي يمكن اللجوء اليه في تقييم عمل مدراء المشاريع والعمال الذين يعملون معهم وذلك من خلال قياس انتاجية اليد العاملة في المشاريع التي يديرونها ومقارنتها مع انتاجية اليد العاملة في نفس مجال العمل في المشاريع الاخرى.
- إدارة كافة الامور المتعلقة بسكن العمال.
- استقبال شكاوى العمال ومتابعة الحالات التي تتطلب متابعة خاصة.

ان تحديد انتاجية اليد العاملة سوف يحتاج بالضرورة الى تطوير برنامج حاسوبي للمساعدة في تحديد اعداد وساعات العمل للعمال الذين يعملون في مجالات العمل المختلفة في المشاريع وربطها بما تم انجازه من اعمال وبالتالي حساب انتاجية هؤلاء العمال في المشاريع.

4-5- إدارة التطوير الاداري والتقني
(Quality Management Engineer)

وسوف يتألف هذا القسم من :

- مهندس جودة سوف نسميه (مهندس تطوير اداري).
- مبرمجي حاسب الي:

وسوف يكون مهندس الجودة مسؤولا عن ما يلي:

ا- دراسة واعداد وتحديث الهيكل التنظيمي للمؤسسة أو الشركة.

ب- وصف كافة الاجراءات المعمول بها في الشركة وتوثيقها ونشرها في مدونة موحدة، فعلى سبيل المثال على مهندس التطوير الاداري شرح الخطوات اللازمة للحصول على اجازة سنوية أو طارئة أو الحصول على سلفة...الخ هذا في مجال الشؤون الادارية والمالية على سبيل المثال اما في مجال تنفيذ المشاريع فعليه شرح الخطوات التي يجب ان يتبعها مدير المشروع في طلب المواد أو اليد العاملة...الخ.

ج- هناك في كل المؤسسات أو شركات اجراءات ناقصة أو غير مكتملة وهذه غالبا ما تسبب ارباكا للعمل لذلك كان من الضروري تصحيحها أو تحديث أو تطويرها لتحسين مسار العمل في المؤسسة أو الشركة.

د- في حال وجود ملاحظات على الاجراءات سواء كانت تصحيحية أو تطويرية فمهندس التطوير الاداري هو المخول باستلامها ومناقشتها

34

مع مقدمها وفي حال اقتناعه بها بإمكانه ان يعرضها على الإدارة للموافقة عليها ومن ثم ينشرها في الجدول رقم (3) المبين ادناه.

هـ- اعداد وتطوير كافة النماذج الورقية أو الالكترونية المطلوبة.

و- الترميز: يجب العمل على ترميز (Coding) كل شئ في الشركة بدءا بالنماذج الورقية أو الالكترونية والوظائف والاجراءات...الخ، ان استخدام الترميز يسهل عملية التخاطب ويوحد فهم الموظفين تجاه الامور ويمنع الالتباس كما انه يسهل عملية اتمتة الاعمال في المستقبل حيث لا يمكن تحويل العمل من ورقي الى الكتروني بدون عملية الترميز.

ز- الاشراف على اتمتة كافة الاجراءات والنماذج في الشركة وبالتعاون مع إدارة الحاسب في الشركة.

ز.- اعداد وتحديث جدول النماذج والاجراءات: ان الهدف من جدول الاجراءات توضيح تسلسل الاجراءات الداخلية في الشركة والواجب السير بها للحصول على الخدمة أو الموافقة المطلوبة، وكمثال يبين الجدول النماذج المؤسسة أو الشركة والموقعين المطلوب توقيعهم على النموذج من اجل الحصول على الموافقة المطلوبة، ان مثل هذا الجدول يساعد كثيرا الموظفين وبخاصة الجدد على تحقيق ما يطلبونه بيسر وسهولة وبدون الحاجة الى السؤال، وفيما يلي نقدم مثالا التوضيحي التالي:

م.	تصنيف النماذج / إسم النموذج	رقم النموذج	جهات الموافقة						
-١	<u>النماذج المتعلقة بالشؤون الادارية</u>		المدير المباشر	مدير الشؤون الإدارية	مدير الشؤون المالية	مدير المستودعات	مدير الاليات		المدير العام
	١-١- نموذج طلب إجازة	AD-01	✓	✓	✓		✓		✓
-٢	<u>النماذج المتعلقة بالشؤون المالية</u>								
	٢-١- طلب سلفة مالية	FN-01	١	٢	٣				٤
	<u>١- النماذج المتعلقة بالآليات</u>								
-٥٠	١-١- نموذج طلب توفير سيارة من الشركة	VH-01	١				٣		٢

"جدول رقم (3) جدول رموز النماذج وخطوات الحصول على الموافقات"

ملاحظة:

- ان هذا الجدول للتوضيح فقط ولا يعكس الواقع.
- ان استخدام رمز ✓ يدل على ان الترتيب غير مهم بينما استخدام الارقام يدل على ان التسلسل مهم لإنجاز المطلوب.

د- اتمتة ما تم انجازه من قبله بحيث تتم كافة الاعمال الادارية في الشركة من خلال منصة خاصة بهذا المجال.

<u>6-4- إدارة التدقيق</u>

4-6-ا- الهيكل الاداري:

1- مدير إدارة حاصل على مؤهل مهندس حاسب كميات اول يكون مديرا للإدارة.

2- حاسبي كميات من مختلف الاختصاصات.

6-4-ب- المهام والواجبات

ونقصد بالتدقيق هنا التدقيق الكمي وليس التدقيق الاجرائي (Auditing)، ان ايجاد إدارة للتدقيق تعتبر اضافة مهمة الى المؤسسة أو الشركة حيث ان وجود مثل هذه الإدارة سوف يخفض الكلف ويحسن الاداء، ان عمل إدارة التدقيق سوف يكون من خلال تمرير بعض التقارير أيا كان نوعها أو مصدرها (فواتير جرد مستودعات، جداول مكافآت.... الخ) من خلال هذه الإدارة لتدقيقها ومراجعتها قبل تنفيذها، ويمكننا تقسيم عمليات التدقيق الى قسمين:

- دائمة أو مستمرة.
- انتقائية أو عشوائية.

ويمكننا في هذا السياق ان نحول للتدقيق، (سواء الدائم / المستمر أو الانتقائي / العشوائي) ، ما يلي:

1-اوامر الشراء: ان الاخطاء التي يمكن ان تحصل خلال مراحل اعداد امر الشراء قد تكلف المؤسسة أو الشركة الملايين، ومن حيث المبدا يجب ان لا يحدث هناك أخطاء ولكن الاخطاء تحدث ولو بنسب بسيطة ولكنها على قلتها قد تكون مؤثرة وتكد المؤسسة أو الشركة خسائر لذلك كتن من الضروري ان تمر هذه الاوامر على إدارة التدقيق قبل ان تصل للمدير العام.

2-جرد المستودعات: من الضروري ان تمرر نتائج جرد المستودعات الى لإدارة التدقيق من اجل مراجعتها ودراستها واستخلاص العبر والنتائج منها.

3-مستخلصات المشاريع قبل رفعها للاستشاري: من اجل التأكد من عدم وجود اخطاء أو نقص فيها وايضا من اجل

مقارنة كمياتها مع المواد المصروفة من المستودعات والتحقق من وجود تطابق ولو نسبي بين المصروف والمحصل (وذلك من خلال انتقاء بعض المواد حيث ان التدقيق الشامل سوف يستغرق وقتا طويلا).

4-اعداد وتقييم مؤشرات اداء الشركة التي سنتحدث عنها لاحقا.

5-اي موضوع أو مشكلة تحتاج الى تدقيق أو متابعة.

4- تدقيق العرض النهائي للمؤسسة أو الشركة فيما يتعلق بالمنافسات التي تتقدم اليها:

وهذا الأمر مهم حيث سيقوم المدققون في كل اختصاص (مدني، معماري، كهربائي وميكانيكي) بعملية تدقيق سريعة للبنود التي تتضمن مبالغ كبيرة للتحقق من صحة تقييمها كما سيقوم بالتحقق من عدم وجود بنود موجودة في المخططات، ولكنها غير موجودة في جدول الكميات، ومن ثم إعطاء الموافقة النهائية على العرض المقدم.

4-7- إدارة العلاقات العامة

في الحقيقة لا توجد في معظم شركات المقاولات جهة تهتم الموضوع ومن اجل ذلك من الضروري تكوين إدارة تكون متخصصة في هذا الموضوع بحيث تتألف هذه الإدارة من:

1- مدير إدارة حاصل على اي شهادة في مجال السياحة.

2-موظفو الاستقبال والهاتف.

ان الهدف من ايجاد هذه الإدارة هو تحسين اداء موظفي الاستقبال والهاتف اضافة الى تقديم خدمات جديدة وضرورية في نفس الوقت، ففي معظم الاحوال يتم اختيار موظفين ذوى كفاءة منخفضة لشغل هذه الوظائف، وفي اغلب الاحوال يكونون غير قادرين على اعطاء اي اجابة على اسئلة الضيوف، ومن اجل ذلك يفضل ان يكون الموظف المسؤول ذو تأهيل جيد لشغل هذا المنصب كان يكون حاصلا على مؤهل في مجال السياحة ويتقن اللغة الانجليزية اضافة الى عدد من موظفي الاستقبال المؤهلين، ان مهام وواجبات إدارة الضيافة والاستقبال سوف تشمل ما يلي:

- اتخاذ الاجراءات المناسبة لاستقبال كبار الموظفين المعينين حديثا في المؤسسة أو الشركة واتخاذ الاجراءات المناسبة لتقديمهم لموظفي الشركة سواء شخصيا أو من خلال البريد الالكتروني، كما ان عليه التأكد من ان مكاتبهم ومستلزمات عملهم من مكاتب وطاولات وكراسي وحاسبات وايضا بطاقات التعريف الـ (بيزنس كارد) جاهزة قبيل قدومهم، يضاف الى ما سبق ايضا التحقق من ان متطلباتهم التعاقدية من سكن وسيارة...الخ قد تم توفيرها.

- توفير نفس ما سبق لباقي الموظفين المعينين حديثا في المؤسسة أو الشركة والاجابة على اسئلة واستفسارات الموظفين الجدد.

- اتخاذ الترتيبات المناسبة لاستقبال الموظفين الجدد من المطار وكذلك العمال.

- استقبال زوار الشركة أو المتصلين بشكل مهني وحرفي.

- يجب ان تتوفر لدى هذه الإدارة قاعدة بيانات محدثة يوميا تتضمن اسماء الموظفين، المنصب الوظيفي، موقع العمل، وسائل الاتصال بحيث يكونون قادرين على الاجابة على اسئلة الزوار والموظفين.
- سوف يتبع لهذا القسم كافة موظفى الاستقبال والهاتف في الشركة والذين سيكونون مسؤولين استقبال الضيوف وتوجيهم الى الجهة التي يرغبون بمقابلتها، ويجب ان تتوفر لدى هؤلاء الموظفين نسخة من قاعدة بيانات الموظفين المذكورة اعلاه، ويفضل لمن يعمل كموظف استقبال أو على الهاتف ان يكون لديه شهادة دبلوم في مجال السياحة أو اي مجال اخر مناسب لهذا العمل كما يجب ان يكون متحدثا جيدا ولبقا ويتقن اللغة الانجليزية.
- يجب ان يكون على تواصل يومي مع مدير إدارة الموارد البشرية للتعرف على كافة المعلومات المتعلقة بتوظيف ونقل أو استقالة كافة الموظفين في المؤسسة أو الشركة.
- اتخاذ الاجراءات اللازمة لاستقبال ضيوف الشركة وتوفير كل ما يلزمهم من اماكن اقامة وتنقل ومرافقة ان تطلب الامر ذلك.
- اعداد الترتيبات المتعلقة بسفر كبار الموظفين الداخلية والخارجية ان طلب منه ذلك.
- اعداد الترتيبات المتعلقة بالاجتماعات والمؤتمرات والمعارض وكذلك ترتيب النشاطات الخاصة بالمؤسسة أو الشركة.

- الاشراف على المواد المنشورة في موقع الشركة الالكتروني والتأكد دائما من تحديثها وصحتها.
- سوف يتبع لهذه الإدارة كافة عمال الضيافة الذي يقدمون المشروبات للموظفين والضيوف والتأكد من انهم يقومون بعملهم بالطريقة المناسبة اضافة الى متابعة امورهم وقضاياهم.
- سوف يتبع لهذه الإدارة ايضا عمال النظافة وسوف تكون هذه الإدارة مسؤولة عن جودة المظهر العام والنظافة في مكاتب الشركة.
- كما يجب توفير سيارات وباصات تكون تابعة لهذه الإدارة بحيث تكون مسؤولة عن توصيل أو استقبال الضيوف أو الموظفين الجدد أو توصيل ما يلزم توصيله لاي جهة سواء ضمن ادارات الشركة أو مواقعها أو للجهات الاخرى أو يسمح لها بالاستئجار عند الحاجة.

8-4- إدارة السكرتارية

لا توجد في معظم شركات المقاولات إدارة تكون مسؤولة عن هذا المجال الهام بالرغم ضخامة واهمية اعمال السكرتارية في مؤسسات وشركات المقاولات، وفي هذا السياق يمكننا ان نقترح الهيكل الاداري التالي:

1- مدير إدارة يكون حاصل على شهادة مناسبة.

2- سكرتير عربي قادر على الترجمة بين اللغتين العربية والانجليزية أو يتم تعيين مترجم في حال كان حجم العمل كبير.

3- موظف مسؤول عن إدارة وتشغيل نظام الارشفة في المؤسسة أو الشركة.

4- فني طباعة وتجليد.

5- موظف مخصص لإعداد وتحديث ملف التأهيل الخاص بالشركة.

5- مراسل واحد على الاقل مع سيارة لتسليم واستلام الوثائق المختلفة.

من الملاحظ انه بالرغم من وجود عدد كبير من موظفي السكرتارية في المؤسسة أو الشركة الا ان هناك معاناة لدى الموظفين في بعض الاحيان في توفير خدمات السكرتارية التي يطلبونها وهذا يعود الى ان موظفي السكرتارية غالبا ما يعملون لصالح شخص أو إدارة بعينها وبالتالي فهم يمتنعون عن توفير اي خدمة تطلب منهم من خارج دائرة الجهة التي يعملون لديها، ومن ناحية اخرى فانه في الحالات التي يغادر فيها مرؤوسي هؤلاء الموظفين عملهم بسبب الاجازة السنوية أو يكونوا في مهام خارجية فان هؤلاء الموظفين يبقون بلا عمل طيلة فترة

غياب مرؤوسيهم ، ولكن لو كان لموظفي السكرتارية ايا كان الموقع الذي يعملون فيه من يرأسهم ويشرف عليهم ويوزع الاعمال على المتفرغ منهم لامكن الاستفادة من هذه الطاقة الكبيرة في صالح الشركة.

4-8-1- نطاق عمل إدارة السكرتارية

ان نطاق عمل إدارة السكرتارية سوف يشمل ما يلي:

1- طباعة خطابات المؤسسة أو الشركة وارشفتها.

2- ترجمة المواد التي تحتاج الى ترجمة.

3- الطباعة والتجليد.

4- اعداد العروض التقديمية والطباعة الفنية.

5- سوف تكون إدارة السكرتارية نقطة التواصل والاتصال بين المؤسسة أو الشركة والعالم الخارجي حيث ستكون مسؤولة عن الهاتف، الفاكس، عنوان البريد الالكتروني الرسمي...الخ.

6- تسليم المواد المطلوب تسليمها أو استلامها من اي جهة خارجية.

7- حفظ واستخدام الاختام الرسمية للشركة .

4-8-2- مهام ومسؤوليات مدير إدارة السكرتارية

يمكننا تلخيص مهام ومسؤوليات مدير إدارة السكرتارية:

1- سيكون رئيس قسم السكرتارية المسؤول غير المباشر عن كافة موظفي السكرتارية الذين يعملون لصالح المدراء أو الادارات المختلفة في المؤسسة أو الشركة، وفي الحالة التي يسافر المدراء المباشرون لهؤلاء الموظفين يصبح هؤلاء

خلال فترة غياب مرؤوسيهم تحت إدارة رئيس قسم السكرتارية مباشرة.

2- سوف يكون رئيس قسم السكرتارية مسؤولا عن تغيير مواقع العمل لموظفي السكرتارية نتيجة لظروف العمل أو لاي سبب اخر وذلك بالتشاور مع مرؤوسيهم.

4-9- إدارة النظافة والصيانة

تعتبر اعمال النظافة في شركات المقاولات من المهام الكبيرة، فكل المشاريع تتطلب اعمال نظافة وفي بعض الاحيان تفرض غرامات على المقاولين كما ان هناك اعمال صيانة بعد تسليم هذه المشاريع وبالتالي من الأفضل لو كان هناك في كل مؤسسات أو شركات المقاولات لإدارة خاصة بهذا الموضوع بحيث تقدم خدماتها للمشاريع وايضا لمكاتب الشركة، ومن اجل ذلك فإننا نقترح تأسيس إدارة للنظافة والصيانة تكون مسؤولة عن ما يلي:

ا- توفير خدمات النظافة والصيانة لمشاريع المؤسسة أو الشركة ومنشاتها .

ب- اعداد جداول بمواعيد تقديم اعمال النظافة والصيانة في المبنى الرئيسى ومواقع العمل وكافة المنشآت التي تتبع لها الشركة مثل المستودعات وورشات الصيانة..الخ.

ج- شراء المواد المطلوبة للتنظيف والصيانة واختيار الأفضل منها والحفاظ على مخزون كافي منها دائما.

د- نقل المكاتب المتنقلة والاثاث وتركيبه، في المشاريع وتوفير الصيانة لكافة الاثاث الموجود في الشركة.

هـ - تخزين الفائض من الاثاث والادوات وتوفير الصيانة لها بحيث يمكن استخدامها مرة اخرى.

و- تخزين كافة الوثائق التي لم يعد هناك حاجة يومية للرجوع اليها.

ز- إدارة وتنظيم عملية جمع ونقل النفايات من مواقع المشاريع ومباني الشركة.

ح- التخلص من المواد التالفة ذات الحجم الكبير مثل الفرش الغير قابل للإصلاح أو الادوات المكتبية كالطابعات...الخ سواء من خلال خدمة جمع النفايات التي تقدمها البلديات أو من خلال بيعها كخردة لصالح الشركة وبحيث يكون هذا المصدر أحد مصادر الانفاق على هذا القسم.

ط – تأسيس وإدارة برنامج لتدوير النفايات ويعتبر تدوير النفايات الورقية من اسهل المواد التي يمكن تدويرها من خلال بيعها الى مؤسسات أو شركات جمع وتدوير النفايات الورقية، كما انه سيكون المسؤول عن جمع النفايات والبقايا المعدنية في المواقع مثل قطع الكابلات أو القطع المعدنية أو الناتجة عن التقطيع من اجل بيعها ويمكن ان ترفد عوائد جمع وبيع النفايات الورقية والمعدنية ميزانية هذا القسم بحيث مع الوقت يمكن ان يمول نفسه ذاتيا، ويعتبر مجال تدوير النفايات مجالا واسعا فهناك الزيوت المستهلكة والاطارات على سبيل المثال واية مواد اخرى يمكن الاستفادة منها وتدويرها.

ك- تأسيس برنامج لتوفير الطاقة من خلال استخدام الواح الطاقة الشمسية واجهزة تسخين المياه بالطاقة

الشمسية لتوفير ولو جزء بسيط من الطاقة المستهلكة في المقر الرئيسي للمؤسسة أو الشركة وايضا في مواقع المشاريع التي تقوم الشركة بتنفيذها، ويجب ان تعمل مؤسسات أو شركات المقاولات في هذا الاتجاه حتى ولو كانت المساهمة التي يقدمها هذا المصدر صغيرة لان مؤسسات أو شركات المقاولات الهندسية والتي يعمل بها مهندسون يجب ان تكون سباقة في التطور واستخدام أحدث التقنيات والتكنولوجيا في كل المجال.

يجب ان يكون مدير هذه الإدارة حاصلا على دبلوم في الكهرباء أو الميكانيك على الاقل وسوف يكون من الأفضل لو تم توفير مساعد له لديه مؤهلات في مجال البيئة، ويجب وان يكون مدير الإدارة على تواصل مع مهندسي في الشركة وذلك من اجل توفير الدعم الفني لهذه الإدارة.

ان توفير الادارات المذكورة اعلاه اضافة الى الإدارات الاساسية التقليدية المعروفة سوف يساهم في تقوية البنية الداخلية للمؤسس أو الشركة ويجعلها في وضع أفضل اتجاه التحديات.

مؤشرات اداء المؤسسات أو الشركات

5-1- المقدمة

لا تتوفر لدى معظم مؤسسات أو شركات المقاولات الانشائية اي مؤشرات علمية يمكن ان يستند اليها اصحاب القرار في متابعة وضع مؤسساتهم أو شركاتهم سوى التقارير المالية الصادرة عن الإدارة المالية للشركة والتي يبنى على اساسها القرارات التي تتخذها الإدارة والتي هي بدورها قرارات قد تزيد الوضع سوءا.

ولسد هذا النقص فانني اقترح مجموعة المؤشرات التي ارى انه لو توفرت فانها ستسمح بتوفير رؤية حقيقية وواقعية عن حال الشركة وبالتالي فان القرارات المتخذة لمعالجة الخلل الذي سوف تظهره هذه التقارير سوف تعالج السبب الفعلي للمشكلة المعنية بشكل مباشر.

5-2- مؤشرات الاداء

فيما يلي مجموعة من المؤشرات المقترحة والتي نرى انها تساعد ادراة الشركات في تفهم التركيبة البنوية والمالية للشركة.

5-2-1- المؤشر الاول: مؤشر نسبة موظفي الإدارة والدعم الفني الى موظفي أو عمال التنفيذ في مواقع العمل الى اجمالي عدد الموظفين بالشركة:

ان لهذا المؤشر اهمية كبيرة حيث انه يعطى صورة عن توزع الموظفين بين المجموعتين الرئيسيتين في الشركة مجموعة موظفي الإدارة والدعم الفني ومجموعة موظفي تنفيذ المشاريع والتي تهدف الى تحديد ما إذا كان هناك تضخم غير مبرر في عدد موظفي الإدارة والدعم الفني.

رمز الفئة	الشريحة	إسم الفئة	الوظائف المشمولة بهذه الفئة	إجمالي العدد لكل فئة	النسبة المئوية لكل فئة ٪
OV-1	موظفوا الإدارة والدعم الفني بالشركة	الإدارة العليا	المدير التنفيذي أو المدير العام – نائب المدير العام – المدراء – مدراء الأقسام (ولن يأخذ بعين الإعتبار توافر شهادات جامعية لهذه الفئة).		
OV-2		المهندسين	كافة المهندسين العاملين في إدارة المؤسسة / الشركة.		
OV-3		الموظفين المؤهلين والمتخصصين فنياً	رسامي الأوتوكاد – فنيي الحاسب والشبكات – مراقبي السلامة...الخ.		
OV-4		موظفي الإدارات التي تعمل في الإدارة العامة للمؤسسة أو الشركة.	الشؤون الإدارية والمالية والتوريدات والمنافسات...إلخ		
OV-5		الموظفين العاملين في باقي الإدارات أو الأقسام ذات الطبيعة الميدانية.	قسم المستودعات المركزية – الصيانة المركزية – الآليات -المشتريات .....الخ.		
OV-6		الموظفين الغير متخصصين	موظفوا الإستقبال – موظفوا الهاتف – المعقبين...الخ.		
OV-7		عمال الخدمات	عمال الضيافة - النظافة - الحراسة – السائقين...إلخ		
إجمالي عدد موظفي الإدارة والدعم الفني					
إجمالي عدد موظفي المؤسسة أو الشركة					
النسبة المئوية بين عدد موظفي الإدارة والدعم الفني و إجمالي عدد موظفي المؤسسة أو الشركة					٪

جدول رقم (4-ا) – جدول توزيع اعداد الموظفين ضمن فئات مجموعة موظفي الإدارة والدعم الفني

رمز الفئة	الشريحة	إسم الفئة	الوظائف المشمولة بهذه الفئة	إجمالي العدد لكل فئة	النسبة المئوية لكل فئة %
PR-1	موظفو تنفيذ المشاريع	مدراء المشاريع			
PR-2		مهندسي المواقع بكافة إختصاصاتهم.			
PR-3		العمال العاملين في المشاريع بكافة إختصاصاتهم	ويفضل تقسيمهم بحسب مجال عملهم وذلك كما يلي: PR-3-1 عمال إنشائيين. PR-3-2 عمال تشطيب. PR-3-3 عمال سباكة. . . وهكذا		
إجمالي عدد الموظفين العاملين بالمشاريع					
إجمالي عدد موظفي المؤسسة أو الشركة					
النسبة المئوية بين عدد الموظفين العاملين بالمشاريع و إجمالي عدد موظفي المؤسسة أو الشركة					%

جدول رقم (4-ب) – جدول توزيع اعداد الموظفين ضمن فئات مجموعة موظفي تنفيذ المشاريع

ان للمؤشرات السابقة اهمية في كشف الخلل البنيوي في الموارد البشرية.

5-2-2- المؤشر الثاني: جدول توزيع كتلة الرواتب والاجور في الشركة:

ان لهذا المؤشر اهمية كبيرة حيث انه يعطى صورة حقيقية عن توزع كتلة الرواتب والاجور في الشركة وهذا من الامور المهمة جدا في التحليل المالي لوضع الشركة.

5-2-2-1- جدول توزيع كتلة الرواتب والاجور ضمن مجموعة موظفي الإدارة والدعم الفني:

متوسط الراتب في المجموعة	النسبة المئوية لراتب الفئة بالنسبة لمجموع رواتب المجموعة	إجمالي كتلة الرواتب للفئة ضمن المجموعة المعنية	عدد الموظفين للفئة ضمن المجموعة المعنية	الوظائف المشمولة بهذه الفئة	اسم الفئة	الشريحة	رمز الفئة
$\frac{Si}{Ni}$	$\frac{Si}{\Sigma Si}$	S_i	N_i				
				المدير التنفيذي أو المدير العام – نائب المدير العام – مدراء الإدارات – مدراء الأقسام (ولن يأخذ بعين الإعتبار توافر شهادات جامعية لهذه الفئة).	الإدارة العليا		OV-1
				كافة المهندسين العاملين في إدارة المؤسسة / الشركة.	المهندسين	موظفو الإدارة والدعم الفني في المؤسسة / الشركة	OV-2
				رسامي الأوتوكاد – فني الحاسب، والشبكات – مراقبي السلامة...الخ.	الموظفين المؤهلين والمتخصصين فنياً		OV-3
				الشؤون الإدارية والمالية والتوريدات والمنافسات...[الخ.	موظفي الإدارات التي تعمل في الإدارة العامة للمؤسسة أو الشركة		OV-4
				قسم المستودعات المركزية – الصيانة المركزية – الآليات - المشتريات.....الخ.	الموظفين العاملين في باقي الإدارات أو الأقسام ذات الطبيعة الميدانية.		OV-5
				موظفي الإستقبال – موظف الهاتف – ...الخ.	الموظفين الغير متخصصين		OV-6
				عمال الضيافة – النظافة – الحراسة – السائقين...إلخ	عمال الخدمات		OV-7
							المجموع العام

جدول رقم (5-1) – جدول توزيع كتلة الرواتب ضمن فئات مجموعة موظفي الإدارة والدعم الفني.

50

5-2-2-2- جدول توزيع كتلة الرواتب ضمن مجموعة موظفي تنفيذ المشاريع:

رمز الفئة	الشريحة	إسم الفئة	الوظائف المشمولة بهذه الفئة	عدد الموظفين للفئة ضمن المجموعة المعنية	إجمالي كتلة الرواتب للفئة ضمن المجموعة المعنية	النسبة المئوية لراتب الفئة بالنسبة لمجموع رواتب المجموعة	متوسط الراتب في المجموعة
				N_i	S_i	$\frac{S_i}{\sum S_i}$	$\frac{S_i}{N_i}$
PR-1		مدير المشروع					
PR-2		مهندسي الموقع بكافة إختصاصاتهم.					
PR-3	موظفوا تنفيذ المشاريع	عمال المشروع كافة إختصاصاتهم	وبفضل تقسيمهم بحسب مجال عملهم وذلك كما يلي: PR-3-1 عمال إنشائيين. PR-3-2 عمال تشطيب. PR-3-3 عمال سباكة. . . . وهكذا				
المجموع العام للمجموعة							

جدول رقم (5-ب) – جدول توزيع كتلة الرواتب للفئات ضمن مجموعة موظفي تنفيذ المشاريع.

5-3- مجموعة مؤشرات الانتاجية والاداء في مواقع العمل

تعطي مجموعة المؤشرات المذكورة ادناه صورة هامة عن وضع العمل والانتاجية في المؤسسة أو الشركة واذا توفرت هذه المؤشرات بصورة شهرية فانه يمكن من خلالها استقراء التغيرات على واقع العمل في الشركة كما ان هذا المؤشر يتيح تحديد مواقع الخلل.

5-3-1 مؤشر انتاجية العمال في مجال عمل ما في مشروع ما i = (INDICATOR # 1)

$$\text{Labor Productivity for an activity in Project } i = \frac{Valuation\ amount\ for\ an\ activity\ for\ Project_i}{Total\ Labor\ Number\ for\ an\ activity\ for\ Project_i} \quad \text{SAR/LABOR}$$

- المقصود بـ Valuation amount for an activity for Project_i يعني قيمة المستخلص في الشهر المعني لمجال عمل ما (اعمال انشائية – تشطيبات – اعمال كهربائية – اعمال ميكانيكية...الخ).
- المقصود بـ Total Labor Number for an activity for Project_i يعني متوسط عدد العمال في الشهر المعني الذين كانوا يقومون بمجال العمل المعني (اعمال انشائية – تشطيبات – اعمال كهربائية – اعمال ميكانيكية...الخ).
- سوف نحصل على مؤشر الانتاجية لعمال الانشاء – التشطيب – الاعمال الكهربائية – الاعمال الميكانيكية...الخ.

5-3-2 مؤشر مردود اجور العمال في مجال عمل ما في مشروع ما i =(INDICATOR# 2)

$$\text{Labor Financial Return for an Activity in Project}_i = \frac{Valuation\ amount\ for\ an\ activity\ in\ project_i}{Labor\ salaries\ for\ an\ activity\ in\ project_i}\ \%$$

5-3-3- مؤشر الوضع العام في الشركة (INDICATOR# 3).

اذا اخذنا مجموع قيمة العقود المتوفرة لدى الشركة والتي هي قيد التنفيذ وقمنا بتوزيع قيمتها بالتساوي على مدة التنفيذ لكل عقد وجمعنا قيمة العقود في شهر ما فاننا سنحصل على القيمة التالية $\sum Contracts\ amount_{month}$، فاذا قمنا بتقسيم هذه القيمة على متوسط عدد الموظفين في الشركة في شهر ما فاننا سنحصل على مؤشر الوضع العام للشركة

$$\text{Company General Status Indicator} = \frac{\sum Contracts\ amount_month}{The\ average\ total\ of\ employees\ in\ the\ company_month}\quad \text{SAR/Employee}$$

ان المؤشرات المذكورة اعلاه كافية لإعطاء صورة حقيقية عن وضع الشركة من كل النواحي وسوف تسمح باتخاذ الاجراءات الصحيحة والمبنية على مؤشرات رقمية حقيقية وليس تقديرية.

I0473397

E-KUTUB

Publisher of publishers

No 1 in the Arab world

Registered with Companies House in England

under Number: 07513024

Email: ekutub.info@gmail.com

Website: www.e-kutub.com

Germany Office

/Linden Strasse 22‹Bruchweiler 55758

Rhineland-Palatinate

UK Registered Office:

28 Lings Coppice,

London‹SE21 8SY

Tel: (0044) (0)2081334132